はじめに

にっこり笑顔にすやすや寝顔、おしりをふってはいはい、よちよち
頼りなげだった赤ちゃんがだんだん、だんだん大きくなって──
小さな腕できゅっと抱きついてくれたら、もう最高に幸せな気分
ほんとうに子どもって、あたたかくてかわいくて
そして「おもしろい」存在です

だけど、「たいへん」「困った」と思うこともたくさんあります
落ちこんだり悩んだり、ときには自分を責めてしまったり

これは、そんなときのための絵本です
ちょっぴり勇気と元気がわいてくる絵本です

あなたを応援するため
友人や祖父母、保健や福祉にたずさわる方にどうしてほしいのかも書きました
まわりの方にも、読んでもらってください

この絵本がこころの支えになることを願っています

もくじ CONTENTS

PART 1
0歳・1歳・2歳 赤ちゃん百態

泣いてくれたら、ありがとう	…5
じょうずに眠れるまで待っててね	…7
必要な分は飲んでるんだ	…9
「少食」「大食」気にしない	…11
相手をしてもらうの大好き	…13
泣いて怒って、よく育つ	…15
自分の足も「大発見!」	…17
いたずらじゃなくて「探検」	…19
発達はあくまでマイペース	…21
言葉はいつから出るかしら	…23
おむつがとれるまで	…25
◆子どもの事故に気をつけて!	…26

PART 2
3歳・4歳・5歳 あなたはどっち?

お友だちと仲良く遊べるまで	…30
「がまんできる」ってどういうこと?	…34
社会のルールはどう教える?	…38
「しかる」「ほめる」のバランスは?	…42
情緒と創造力をふくらませよう	…46
お母さんとお父さん、そして子ども	…50
「育つ力」を信じるということ	…54

PART 3
子どもとの暮らしを楽しむ

つらい☆楽しい	…56
心配…☆だいじょうぶ!	…58
ひとりで子育て☆みんなで子育て	…60
◆あなたを支えてくれる人、支える制度	…62

絵／セキ・ウサコ

PART 1 赤ちゃん百態

「泣いてばかり」「飲まない」「寝ない」など
0歳、1歳、2歳ころはいろいろなことがあります
だけど、子どもってそんなもの
「たいへん」のまっただなかにいるときは
出口が見えないけれど
ときが解決してくれることはたくさんあります
子どもの成長は行きつ戻りつのらせん階段
子どもといっしょに
ゆっくり歩いていきましょう

えーんえん

泣いてくれたら、ありがとう

赤ちゃんが泣かなかったら、たいへん。
いつおっぱいをあげたらいいのかわかりません。
抱っこされたがっている気持ちも伝わりません。
泣くのは赤ちゃんの「ことば」。泣くのが赤ちゃんの仕事。
泣き声におどろかないで。あせらないで。
「どうしたの」「ここにいるよ」とつきあってあげてください。

「夜泣き」など何をしても泣きやまない
そんなこともあります。
赤ちゃんのせいではないし、育て方のせいでもありません。

抱っこして泣きやむなら抱きぐせなんて気にしない。
もうちょっとのしんぼうです。

じょうずに眠れるまで待っててね

赤ちゃんの安らかな寝顔を見るのは、こころ休まるひとときです。
眠くて眠くて、でもうまく眠れなくてぐずぐずいう
そんな赤ちゃんもいます。
はじめからじょうずには寝つけません。
お母さんやお父さんが「そばにいる」とわかれば赤ちゃんも安心。
背中とんとん、眠りのお手伝いをしてあげてください。
眠りの時間が短くて心配になることもありますが
赤ちゃんが元気ならそれでだいじょうぶ。

眠くなければお昼寝はしなくていいけれど、夜は早く寝かせてあげて。
そして、朝は元気に「おはよう」のごあいさつ。
午前中は、明るい光のなかでたっぷり遊びましょう。
少しずつ、そんな暮らしのリズムをつくっていきたいな。

ごくごく

必要な分は飲んでるんだ

母乳やミルクを飲んでくれない。
ぐあいが悪いんじゃないかしら。このまま育たないんじゃないかしら。

でもね、きげんもよくて体重がふえているなら心配はありません。
それがその子の量なのです。
量や回数にはこだわらない、飲みたくないなら無理に飲ませなくてだいじょうぶ。
赤ちゃんの食欲には波がある。個人差だって大きいのです。

＊まわりの方へ────「飲んでくれない」というお母さんの訴えに耳を傾け、共感することから始めましょう。お母さんは一生懸命飲ませようとしているのに、飲んでくれないのですから。ほんとうにもっと飲まなければいけない状態なら「もっと飲ませなさい」と言うだけでなく、どうすれば飲んでくれるかの具体的なアドバイスを心がけてください。

「少食」「大食」気にしない

離乳食が進むと、一時的に食べなくなることもあります。
はいはいや伝い歩きもはじまって、食べることへの興味がちょっと薄れたのでしょう。
おとなだって、何かに夢中になっているときは食べることを忘れてしまいますもの。

「こんなに食べなくてだいじょうぶ?」と不安になるくらい少食の子もいますが
それで元気なら、その子なりに栄養は足りていると考えてだいじょうぶ。
少ない量でもエネルギッシュに動ける、そんな子もいるのです。
まして食べないのはお母さんのせいじゃない。
好ききらいも子どもにはよくあることです。気長につきあってあげましょう。

＊まわりの方へ――――食べる量だけでなく、「大きい」「小さい」などからだをめぐる問題も
お母さんの不安の種になりがちです。その子の全体の発育を見てアドバイスをお願いします。

きゃっきゃっ

相手をしてもらうの大好き

お母さんやお父さんと目があうとニッコリ笑顔の赤ちゃん。
そんな瞬間が積みかさなって「かわいい」という気持ちも生まれてくるのでしょう。
赤ちゃんも、お母さんやお父さんに相手をしてもらうのは大好きです。
ホッペをチョンチョン、お鼻をツンツン。
「いない、いない、ばー」や昔ながらの手遊びもいいですね。
赤ちゃんに遊んでもらう、赤ちゃんといっしょに楽しむ。
気負わずに、そんな気持ちでやってみて。

言葉かけも、むずかしく考えなくていいのです。
「おむつをかえようね」「お散歩に行こうか」と
自分のしていることをそのまま口にしてみましょう。
赤ちゃん向けの特別な言葉かけなんて、ありません。
ふだんの暮らしのなかで自然におしゃべりしていれば、それで十分。

泣いて怒って、よく育つ

気にいらないこと、いやなことにはそっくりかえってキーキー。
昔の人はこうした子を「かんが強い」と表現しました。
いいじゃない、強くって。
個性だから、これでいいのです。

赤ちゃん時代にたくさん泣いたり怒ったりする子は
情緒や感情がよく育つともいわれます。
こういう子は、自分の気持ちを表現すること、伝えること
そしてわかってもらうことをからだで学んでいるのです。

泣いてわめいているときは、お母さん、お父さんも深呼吸。
一拍おいて「どうしたの」と声をかけてあげましょう。
ときにはそのまま様子を見ていたって、いいのです。

わくわく

自分の足も「大発見!」

あふれるほどの好奇心を持っているのが赤ちゃん。
音が出るものが好き、動くものが好き
さわってみたい、なめてみたい
トントンしたり、グチャグチャするのも大好き。

遊びというとおとなはつい「おもちゃ」を考えてしまうけど
手の指や足の指をしゃぶるのも赤ちゃんには遊び。
子どもは自分でおもしろいもの、楽しめるものを発見します。

赤ちゃんはいまどんなことに興味があるのかな。何を楽しんでいるのかな。
「遊ばせよう」「遊ばせなくちゃ」ではなくて
おとなもいっしょに楽しんで。
だって、子どもは遊びがじょうずなんですから。

いたずらじゃなくて「探検」

はいはい、立っちができるようになって、動きがぐんと広がった赤ちゃん。
まわりにあるものすべてがめずらしくてドキドキワクワク。
これ何だろう、まずはさわって、なめて、たたいて、ほうり投げて。
好奇心が満足するまで、あれこれ確かめます。

おとなから見れば困ってしまういたずらかもしれません。
でも赤ちゃんは、うれしくって、楽しくって。

ぞんぶんにまわりの探検、冒険をさせてあげましょう。
「だめ」と言わないですむように
危ないものやいじられて困るものは、手の届かないところへ移します。
部屋のなかは赤ちゃんの目の高さでチェックして事故防止。
これはおとなの責任です。

はいはい、よちよち

発達はあくまでマイペース

寝がえりしない、はいはいしない、歩かない……。
あと1週間、1カ月待っていれば、できるようになってしまうことがあります。

「できないこと」だけ見ていると心配だけど、もっと全体を見てほしいなあ。
ワタシはワタシ、ボクはボク。
自分なりに育っているんだから、よその子とくらべないで。
赤ちゃんが話せたら、そんなふうに言いそうです。

＊まわりの方へ————「あら、まだできないの」「まだ指しゃぶりしているの」そんななにげない言葉に親は落ちこんでしまいます。歯みがきなども「させたほうがいい」とアドバイスするのはもっともですが、いやがってさせてくれない子もいます。子どもの育ちについて感想や意見だけをのべるのは無責任ではないでしょうか。"批評家"にならず、気づいたことや親の心配ごとには「どうしたらいいか」もいっしょに考えましょう。

うーうー、まんま

言葉はいつから出るかしら

赤ちゃんはずっとずっと、言葉にならない「ことば」を使っています。
泣くのもそうだし、あーあー、うーうーもそう。
ブブブ、バババはくちびるを使った音遊び。のどから声を出すのも、おもしろい。

単語がふえなくて心配だったのに、あとから驚くほど活発に話しはじめる子もいます。
きっと、いままでじっと聞いていたのでしょう。

毎日のやりとりは小さなひとしずく。
しずくは泉となり、いつかあふれ出てきます。
それまで待っててね。

*まわりの方へ─────単語の数だけで「遅れている」と安易に言ってしまうことはありませんか。どうか親の不安をあおらないで。言葉の発達には個人差があり、早い子もいればゆっくりの子もいます。全体の様子を見てください。

おむつがとれるまで

「とれなかったらどうしよう」なんて、どうして心配するのかな。
いつかはとれるものなのに。

とれないのは、まだその時期じゃないから。準備ができていないんだもん。
お願いだから無理は言わないで。失敗してもしからないで。
ちょっと手を貸して「よく教えてくれたね」ってほめてくれれば
ボクたち、ワタシたちもやる気満々。
せかさないで、待っててね。

＊まわりの方へ──────おむつがとれるようになるのは「教える」「しつける」「トレーニングする」
というより、子どもが自分で「できるようになる」のに手を貸してあげること。それは布おむつで
も紙おむつでも同じです。いつかはとれるのですから、あせらないようにアドバイスを。

子どもの事故に気をつけて!

●子どもの命を事故から守る

　幼い子どもの死亡原因で多いのは「不慮の事故」です。0歳では窒息が多く、1～4歳では窒息に加え交通事故や溺死・溺水が多くなっています。

　こうした事故から子どもの命を守るのは、保護者だけでなくすべてのおとなの責任。赤ちゃんは小さなおもちゃや豆類をのどにつまらせたり、たばこや洗剤などを誤って飲むこともあります。お風呂場に入りこみ、浴槽に残ったわずかな水で溺れることもあります。ベランダからの転落もまれではありません。

　自動車に乗せるときは、チャイルドシートを必ず使用しましょう。道を歩くときは手をつなぎ、道路に飛び出さないよう注意しましょう。家の中では危ないものは赤ちゃんから遠ざける、ベランダに踏み台になるものは置かないなど、安全対策を万全にしましょう。

●いざというときの知識を

　赤ちゃんの発達段階や月齢・年齢ごとに起こりやすい事故がありますので、そうした情報を入手して、予防に努めることがとてもたいせつです。

　乳幼児健診時などに配布されるパンフレットなどには、子どもの事故予防のポイントを解説したものがあります。事故予防のウェブサイトもあります。それらをよく読んでおきましょう。機会があれば、応急手当の講習などにも参加してみましょう。

PART 2
あなたはどっち?

「いや!」「自分でやる」「もっと」「何で?」
自我が芽ばえはじめるころの子どもは
おもしろいけれどムズカシイ!?
きちんとしからなければわがままな子
「キレる子」になってしまうのでは……
3歳、4歳、5歳くらいの子どもに
どう接したらいいのかな
親として何をどう伝えたらいいのかな
いっしょに考えてみましょう

けんかする

つい手が出ちゃった　泣いちゃった

仲良くする

たたいてごめんね　貸してあげるよ

お友だちと仲良く遊べるまで

おもちゃを取ったり取られたり。子ども同士のイザコザは、お母さんの悩みの種。
どうしてそんなにけんかばかりするの? どうして仲良くできないの?

違うんです。「けんか」というのはおとなの見かた。
子どもにはこれも遊びのひとつ、成長の過程のひとつ。
たたかれて痛かったり、泣いたり、仲なおりしたり。
たくさんの経験をかさねて、相手の気持ちがわかるようになるのです。
だから、けんかになりそうだからとあわてて引き離したり割りこんだりしない。
しっかり見ていて、よほどの危険がありそうなときは飛んでいく。
子どもをしっかり抱いて、いけないことはいけないと言い聞かせる。

1歳、2歳は「自分」が中心ですが
3歳をすぎると「お友だち」を意識して、ゆずったりゆずられたりがはじまります。

「お友だち」という「他者」とのそうした交流は
テレビなどの「つくられた世界」ではできない生きた体験。

お母さんやお父さんを泣いて求めているときは
抱いて「だいじょうぶ」となだめてあげましょう。
「いつでも安心」「ここなら安全」の場があるからこそ
子どもはまた外の世界に飛び出していけるのです。

＊まわりの方へ――――子どもが健やかに成長するためには、たくさんの子どもと遊ぶ機会が必要です。最近は各地で親子がいっしょに遊べる集まりが開かれていますから、近所に親しいお友だちがいないというお母さんには、そうした場の活用もすすめてみてください。保育所でも、こうした集まりを開いているところがあります。子どもだけでなく、親自身の仲間づくり、情報交換の場としても役立ちます。公園などで輪に入れない親子がいたら声をかけ、そうした集まりがあることを伝えてあげるのもいいでしょう。

がまんする

ちょっとだけなら　できるかな

がまんできない

もうだめ 飽きた したい やりたい 動きたい

「がまんできる」ってどういうこと?

世界が広がっていくとともに、子どもはいろんな欲求をぶつけてきます。
「いや」と言ったと思えば「自分でする」、あれがほしい、これもやりたい。
いやだったらじっとしているなんてできないし、やりたくないことはしない。

でも、それがこのころの子ども。
ここちよいか、そうでないか、それがすべての基準です。

「がまん」とは、そうした欲求や感情を
自分でコントロールできるようになることです。
そのためにたいせつなのは
まず子どもの気持ちを受けとめてあげること。
「どうしてそんなこと言うの」なんてしからない。
ほしかった、やりたかった、いやだった

そんなメッセージに「そうだったの、わかったよ」と言ってあげましょう。
気持ちをわかってもらえた、それだけで子どもの興奮は少しずつおさまるし
自分の感情をどう扱えばいいか、自分自身で学んでいけるのです。

話して聞かせて、少しずつがまんができるようになるのは3歳くらいから。
しばらくの間、根気よくつきあってあげましょう。
子どもの育ちに「がまん」でよりそう、それがお母さん、お父さんです。

＊まわりの方へ————子育てが短期決戦になっている
と言われます。1歳や2歳でじょうずに感情をコントロールで
きる子なんていないのに、それを求める子育て。もしお母
さんやお父さんがそんなことを求めているようなら、「あせら
ないで」と声をかけてあげてください。子育ての不安の多
くは先の見通しがつかないことから起こります。「この時期
ってそんなもの、でもだいじょうぶ、もう少したてば……」。
先輩からのそんなひとことで、親も「ああそうか」と肩の力
を抜くことができるでしょう。

ルールを守る

じゅんばんこ!

ルールをやぶる

ひとりじめするのは　だ〜れ　みんなが待ってるよ

社会のルールはどう教える?

好きなこと、したいことだけするのがこのころの子どもです。
そんな子ども同士の「やりたい」がぶつかると
泣いたり泣かせたり、まわりを困らせたり。
こんなとき、楽しく遊ぶためには「じゅんばんこ」「かわりばんこ」という
"約束ごと"があるのを教えてくれるのが、年上のお友だちやまわりのおとな。
3〜5歳になれば
世の中にはいくつかの"約束ごと"があるんだなあということも
少しずつ理解できるようになります。
自分以外にもたくさんの人がいるんだなあということも、わかります。
自分のやりたいことだけ通してしまったら
まわりの人が困るのもわかってきます。
教えるときは、子どもが守れそうな"約束"の範囲を少しずつ広げていくのがコツ。
それは同時に"責任"を教えていくことにもなります。

そして、教えてあげたい"約束ごと"のいちばんは
いのちを大事にすること。
道路から飛び出したときやお友だちをたたいたときは
きっぱり「いけない」とその場ではっきり、何度でも言い聞かせてあげましょう。

子どもはまわりの人を見ながら育っていきます。
まずは親自身がルールを守ること、これもたいせつ。

*まわりの方へ—————レストランや車中など公共の場で騒いでいる子をよく見かけます。このとき周囲がみつめているのは子どもではなく親の態度。人目は気にせず、しっかり言って聞かせましょう。とはいえ、こうしたことを親にだけ求めるのもどうでしょうか。子どもが育っていくためにはたくさんの人の助けが必要です。親が困っているようなら「たいへんだね、こうしてみたら」と手を貸してください。危ないことをしている子にはやさしく声をかけ、やめさせてください。

しかる

「だめ」「早くしなさい」「どうしてできないの」 お母さん そればっかり

ほめる

「がんばったね」「えらかったね」 ほんわか じんわり いい気持ち

「しかる」「ほめる」のバランスは?

いじめる、たたく、傷つける——。
「いけないこと」は小さなころからしっかりと教えてあげましょう。

避けたいのは「できないこと」をしかること、責めること。
靴がうまくはけない、返事が言えない、速く走れない……。
子どもには、年齢からいってまだできないことがたくさんあります。
苦手なこともたくさんあります。
自分にもどうしようもないことを「どうしてできないの」としかられては
子どもも「ボクって、ワタシってダメな子」と思ってしまいます。

子どもの言いぶんも、聞いてあげてください。
泣いたりかんしゃくを起こすには、子どもなりに理由があります。
「あなたの気持ちもわかるけど」と話しあえば、子どもも聞きわけがよくなります。

すすめたいのはほめること、認めること。
「認めてもらえた!」というよろこびは、自信ややる気となってもどってきます。
3歳くらいまでは「できた!」というよろこびを、たくさんわかちあいましょう。
少し大きくなったら「できた」という"結果"だけでなく
取りくんできたこと、つづけてきたことを「よくやったね」と認めてあげて。
親が「できたこと」ばかりに目を向けてしまうと
子どもは「できなければ愛してもらえない」と感じてしまいますから。

*まわりの方へ――――子どもをひどくどなったり、たたいてしまうお母さんやお父さんがいます。でも、そうするには、何かわけもあるのでしょう。ですから、たまには聞き役になってあげてください。そうした人が周囲にひとりでもいれば、その人も少しは肩の荷が下りて、自分自身の気持ちを整理し、なぜそうしてしまうのかに気づくことができるかもしれません。

教える

わかった? 覚えた?

感じる

どうしてだろう 不思議だね

情緒と創造力をふくらませよう

「なーぜ?」「どーして?」いろいろ聞いてくるので
「おもしろい」と思ったり、「あ〜うるさい」と感じたり。

さてこんなとき、あなたはどんなふうに応じているでしょう。
かみなりピカッ、ゴロゴロ……
「あれは、雲の中で電気がね」と教えるのは、確かに正解。
でも正解を与えられてしまったら、その子の「なーぜ?」はおしまい。
「不思議だねえ、何だろう?　どうしてだと思う?」
と言われれば、子どもは一生懸命考えます。

親が解決してあげることは簡単ですが
自分で考え、夢をふくらませることで
子どもの情緒や創造力は育っていきます。

たくさんの「なーぜ」とたくさんの「不思議」。
子どもはその年齢なりに、自然とふれあい、生きた体験を
積みかさねていくことがたいせつ。
その点で早期教育は「たいせつなこと」を飛びこえてしまいます。

節句、七夕、お正月など四季の行事も、子どもにはワクワクドキドキの体験です。
どうか大事にしてください。

＊まわりの方へ――――ふだんの生活の中で、美しい、楽しい、うれしい……またその反対のことも含めて、いろいろなことを体験させてください。お母さんお父さんはもちろん、おじいちゃん、おばあちゃん、保育にたずさわる方にもお願いします。子どもには木登りやどろんこ遊びなど、自然のなかでいろいろな体験をさせてあげてください。わざわざ遠くに出かけることもありません。日常のなにげない体験のなかで、子どもの感性は育っていきます。

まかせるよ

子どものことは母親にまかせておけばいい

まかせとけ！

おっぱい以外は何だってやれる

お母さんとお父さん、そして子ども

お母さんの存在はたいせつです。
人との関係を結びあい、社会に巣立っていけるのは
お母さんに十分に甘え、満たされたからこそ。
「人っていいな」という基本の信頼感があるからです。
お母さんに愛されていること、受け入れられていること
それは子どものこころの栄養。

お父さんの存在もたいせつです。
お父さんに愛されていること、大きな力で勇気づけられていること、それも栄養。
小さなころからたっぷりひざで遊んだり、ときにはしかられたり。
妊娠・出産は女性にしかできないことだけど
子育ては男性にもできる、楽しく、豊かな大事業。

そしてお母さんの栄養は
お父さんに愛されていること、ねぎらわれること。

ふたりの子どもだもの
親としての責任もわかちあいましょう。
成熟したパートナーシップを築きあげていこうとするお父さんとお母さんの姿は
子どもにとってよきモデルです。

*まわりの方へ─────子育ての基本は家庭です。でも、夫婦そろって子育てにかかわれる家庭ばかりではありません。単身赴任をしているお父さんもいるし、父親ひとり、母親ひとりで子どもを育てている家庭もあります。そして、子どもはそれぞれの環境のなかで精一杯育っています。まわりの人や夫婦それぞれがおたがいの生活を認めあい、支えあう社会にしたいものです。

育てる

ああしなさい　こうなりなさい

育つ

みつめていてね 待っててね

「育つ力」を信じるということ

子どもは「育つ力」を持っています。
「育てる」ものではありません。

「育てる」という言葉には、何か目標が感じられます。
一定の基準があって、子どもはそこまでたどりつかなければならない。
親もそこまで子どもを引っぱりあげなければならない……。

子どもは粘土細工のように
「つくっていく」のではありません。

「どう育てるか」「よい子育てを」と気負うことはありません。
育っていく子どもに
あなたがどうよりそうか、どうつきあうか、
それがたいせつなのです。
おとなはよい生活環境をつくっていきましょう。

PART 3
子どもとの暮らしを楽しむ

子どもと親は「育ちあう」関係です
子どもが育つ、親も育つ
それが子どもとの暮らしのよろこび、楽しみ
子どもの成長をゆとりを持って見守るために
子どもとの暮らしをこころから楽しむために
いくつかのヒントをお届けします

つらい

子どもといるのがつらいお母さん
そんなふうに感じているのは
あなただけではありません。
みんな、悩んだり迷ったりしています。
ことに初めての子育てはとまどいの連続
失敗もあってあたりまえ。
それで、いいのです。
「母親失格」なんて自分を責めないで。
完璧な母親なんていないのですから。
そのままのあなたで
いいのです。

楽しい

「子育てなんて、こんなもの」
そう思えば少しは楽になるかしら。
子どもなんて
思い通りにならないのがあたりまえ。
「しかたない」「まあいいか」が
楽しい子育ての秘訣です。
さらに、大事なのはお父さんの存在。
ああでもない、こうでもないと
けんかをしたり、助けあったり。
子どもとの暮らしをとおして
おとなも「育ちあう」のですね。

心配…

育児書に書いてあるとおりに
育っていないから心配?
いいえ
本に書かれているのはあくまで目安。
「うちの子」にあてはまることは
むしろ少ないかもしれません。
本ばかり読んで
かんじんの目の前の
わが子が見えなくなることもあります。
「木を見て森を見ない」って
子育てにも言えるようです。

だいじょうぶ！

あなた自身の感性、感覚を大事にして
だいじょうぶ。
だって、よその人は「そのとき」の
子どものことしか見ていないのです。
あなたのやっていることは
そんなにまちがっていないはず。
「よくやってる」「これでいい」
自分に言い聞かせているうちに
きっと勇気がわいてきます。
たいせつなのは自分のモノサシ
それを信じていいのです。

ひとりで子育て

人にとって、いちばんつらいのは
孤立感、孤独感。
ひとりぼっちの感じ
だれにもわかってもらえない感じ。
どうかひとりでかかえこまないで。
いまの時代、母親ひとりで
子育てを背負うのは
無理なのですから。
子どもがそうであるように
楽しくいきいきと毎日を暮らすには
親にも助けが必要です。

みんなで子育て

何かあったとき人に頼れること
助けてと言えるのはいいことです。
「おたがいさま」で気持ちよく
頼りあう、助けあう社会は
おとしよりにも障害を持った人にも
暮らしやすい社会です。
たいせつなのは、支えあい。
子育てもそうです。
勇気を出して、周囲の人をどんどん
あなたの子育てにまきこみましょう。
助けてくれる人をふやしましょう。

あなたを支えてくれる人、支える制度

●周囲の人に積極的に相談を

　子どもは多くの人に支えられて育っていきます。子どもとのよい関係を築くには、夫婦や家族の絆を大事にする一方で、それぞれが外に向かって開かれた人間関係をつくることもたいせつです。子育てや自分の健康などについて不安や悩みがあるときは、ひとりでかかえこまず、遠慮せず助けを求めてください。

●地域の子育てサポート

　妊娠・出産・子育てをサポートするために、さまざまな制度やサービスが実施されています。市区町村の担当課のほか、地域の「子育て世代包括支援センター」に連絡をとってみましょう。

【子育て世代包括支援センター】

　妊娠・出産はもちろん、妊娠前と産後、そして子育てまでをトータルに支援するための拠点です。妊娠・出産・子育てに関する各種の相談に応じ、情報提供やアドバイスのほか、必要に応じて支援プランも作成し、他の適切な相談先なども紹介、連携をとってくれます。

【健康や医療について】

　市町村保健センター・保健所では、子どもの発育や発達、子育てに関する相談だけでなく、お母さん・お父さんの体や心の悩みの相談にも乗っています。乳幼児健診のときだけでなく、ふだんから気軽に利用できる相談機関として活用してください。

【かかりつけ医】

おとなも子どもも信頼できる「かかりつけ医」を見つけ、健康に不安があるときは遠慮なく相談できるようにしましょう。

【産後ケアや子どもの一時預かり】

「産後ケア」は産後1年以内のママと赤ちゃんをケアし、産後も安心して子育てができるよう応援するサービスです。ショートステイや家庭訪問などが実施されています。

また、保育所等で子どもの「一時預かり」をするところもあります。

【児童館など】

児童館は、健全な遊びを提供して子どもの健やかな育ちを応援する施設です。親同士の交流、親子の交流、子ども同士の遊びと交流などの場にもなっているので、お友だちづくりにも役立つでしょう。

【しつけ・養育などの悩み】

しつけや養育、経済的な困難などについては、児童相談所や福祉事務所も相談に応じています。地域の民生・児童委員もよい相談先になります。

●これらのサービスの見つけ方

最近は母子健康手帳を受け取るとき、こうした公的サービスをまとめた冊子を配布する市区町村が増えました。市区町村ホームページでも制度やサービスを紹介しています。なおサービスの内容や対象者は市区町村によって違いもあるので、住んでいる地域でどんなサービスがあるか、ぜひチェックしてみてください。

【子育てを応援するサイト】

赤ちゃん&子育てインフォ www.mcfh.or.jp

それでいいよ だいじょうぶ
――子どもとの暮らしを応援する本

(第 8 版)
発　　行：公益財団法人 母子衛生研究会
　　　　　〒101-8983　東京都千代田区外神田 2-18-7
　　　　　TEL 03-4334-1188
発行人：江井 俊秀
赤ちゃん&子育てインフォ　https://www.mcfh.or.jp/

定　　価：**本体200円+税**

教材ID 230306